GERMAN SHORT STORIES FOR BEGINNERS AND INTERMEDIATE LEARNERS

Engaging Short Stories to Learn German and Build Your Vocabulary

1st Edition

LANGUAGE GURU

ISBN: 9781077170445

TABLE OF CONTENTS

INTRODUCTION

We all know that immersion is the tried and true way to learn a foreign language. After all, it's how we got so good at our first language. The problem is that it's extremely difficult to recreate the same circumstances when we learn our second language. We come to rely so much on our native language for everything, and it's hard to make enough time to learn the second one.

We aren't surrounded by the foreign language in our home countries. More often than not, our families can't speak this new language we want to learn. And many of us have stressful jobs or classes to attend regularly. Immersion can seem like an impossibility.

What we can do, however, is gradually work our way up to immersion no matter where we are in the world. And the way we can do this is through extensive reading and listening. If you have ever taken a foreign language class, chances are you are familiar with intensive reading and listening. In intensive reading and listening, a small amount of text or a short audio recording is broken down line by line, and every new word is looked up in the dictionary.

Extensive reading and listening, on the other hand, is quite the opposite. You read a large number of pages or listen to hours and hours of the foreign language without worrying about understanding everything. You look up as few words as possible and try to get through material from start to finish as quickly as you can. If you ask the most successful language learners, it's not intensive reading and listening but extensive that delivers the best results. Volume is much more important than total comprehension and memorization.

In order to be able to read like this comfortably, you must practice reading in the foreign language for hours every single day. It takes a massive volume of text before your brain stops intensively reading and shifts into extensive reading.

This book hopes to provide a few short stories in German you can use to practice extensive reading. These stories were written for both beginner and intermediate students in mind, so they should be a little easier to digest compared to native German. While it's no substitute for the benefits of reading native German, we hope these stories help build confidence in your reading comprehension skills overall. They offer supplementary reading practice with a heavy focus on teaching vocabulary words.

Vocabulary is the number one barrier to entry to extensive reading. Without an active vocabulary base of 10,000 words or more, you'll be stuck constantly looking up words in the dictionary, which will be sure to slow down your reading. To speed up the rate at which you read, building and maintaining a vast vocabulary range is absolutely vital. This is why it's so important to invest as much time as possible into immersing yourself in native German every single day. This includes both reading and listening.

We hope you enjoy the book and find it useful in growing your German vocabulary and bringing you a few steps closer to extensive reading and fluency!

HOW TO USE THIS BOOK

To simulate extensive reading better, we recommend keeping things simple and using the short stories in the following manner. Read through each story just once and no more. Whenever you encounter a word you don't know, try to guess its meaning using the surrounding context. If its meaning is still unclear, check the vocabulary list at the end of the story. Alternatively, you could even start each story by taking a quick glance at the vocabulary list to familiarize yourself with any new words.

After completing the reading for each chapter, test your knowledge of the story by answering the comprehension questions. Check your answers using the answer key located at the end of the book.

Memorization of any kind is completely unnecessary. Attempting to push new information into your brain forcibly only serves to eat up your time and make it that much more frustrating when you can't recall it in the future. The actual language acquisition process occurs subconsciously, and any effort to memorize new vocabulary and grammar structures only stores this information in your short-term memory.

If you wish to review new information that you have learned from the short stories, there are several options that would be wiser. Spaced Repetition Systems (SRS) allow you to cut down on your review time by setting specific intervals in which you are tested on information in order to promote long-term memory storage. Anki and the Goldlist Method are two popular SRS choices that give you the ability to review whatever information you'd like from whatever material you'd like.

It's also recommended to read each story silently. While reading aloud can be somewhat beneficial for pronunciation and intonation, it's a practice aligned more with intensive reading. It will further slow down your reading pace and make it considerably more difficult for you to get into extensive reading. If you want to work on pronunciation and intonation, take the time to do it during SRS review time. Alternatively, you could also speak to a tutor in the foreign language to practice what you learned.

Trying to actively review everything you learn through these short stories will slow you down on your overall path to fluency. While there may be an assortment of things you want to practice and review, the best way to go about internalizing new vocabulary and grammar is to forget it! If it's that important, it will come up through more reading and listening to more German. Save the SRS and other review techniques for only a small selected sample of sentences you feel are the most important. Languages are more effectively acquired when we allow ourselves to read and listen to them naturally.

And with that, it is time to get started with our main character Niklas and the eight stories about his life. Good luck, reader!

KAPITEL 1: ESSEN

Niklas ist seit vier Wochen auf Diät und hat bereits fünf Kilo abgenommen. Seine neue Diät ist sehr streng, aber er folgt ihr sehr genau.

Zum Frühstück isst er eine kleine Schüssel Haferflocken, die in der Mikrowelle mit Wasser oder Milch gekocht wird. Er hat auch eine Portion Obst zu seinen Haferflocken, entweder eine Banane, Erdbeeren oder eine Mango. Und was wäre ein perfektes Frühstück ohne Kaffee?

Zum Mittagessen isst Niklas lieber eine leichte Mahlzeit, um seinen Gewichtsverlust zu maximieren, so dass er meistens einen Spinatsalat isst. Auf seinen Salat legt er Karotten, Zwiebeln, Gurken, Bohnen, Croutons und Nüsse. Das Dressing neigt dazu, viele Kalorien zu haben, also nimmt er einen kleinen Tupfer. Wenn der Salat ihn nicht satt macht, isst er auch noch etwas Suppe. Normalerweise ist es Tomatensuppe, denn das mag er am liebsten.

Zum Abendessen gibt es ein paar Möglichkeiten, je nachdem, worauf er an diesem Abend Lust hat. Er kann eine Pasta- und Gemüsemischung in Olivenöl und italienischen Gewürzen zubereiten. Oder er kann Reis und Bohnen essen, die mit einer Knoblauch-Zwiebel-Sauce abgerundet sind. Er kann auch ein thailändisches Currygericht mit Grünkohl und Süßkartoffeln haben. Alle Entscheidungen erfordern etwas Kochen, aber am Ende lohnt es sich.

Für Niklas lief alles ziemlich gut, bis die fünfte Woche begann. Wie viele von uns arbeitet er an einem stressigen und anspruchsvollen Job, so dass nicht immer genug Zeit blieb, um jede

Mahlzeit zuzubereiten. Seine Energie begann zu sinken, während sein Appetit und Hunger schnell zunahmen.

Bald wurde aus der kleinen Schüssel mit Haferflocken zum Frühstück die große Schüssel mit zuckerhaltigem Getreide. Und der schwarze Kaffee wurde durch einen kalorienhaltigen Milchkaffee ersetzt.

Der Salat zum Mittagessen verwandelte sich in Fastfood-Mahlzeiten, da Niklas immer zu spät zu Meetings kam. Ursprünglich trank er zu dieser und zu jeder Mahlzeit Wasser, aber jetzt war es Soda.

Und das Abendessen war nach einer Weile einfach hoffnungslos. Niklas kam erschöpft von der Arbeit nach Hause und konnte sich nicht zum Kochen bringen. Pizza, Eis, Pommes frites und Snacks waren da die einfachere Wahl und halfen ihm, die ganze Angst loszuwerden.

Einige Wochen später hatte er alle fünf Kilo, die er abgenommen hatte, wieder zugenommen und sogar noch fünf weitere Kilo! Der Misserfolg ließ Niklas sich noch schlechter fühlen. Er schwor für seine nächste Diät, dass er noch strenger sein und noch weniger Nahrung essen würde.

Leider merkt er nicht, dass der massive Rückgang der Kalorien einen ebenso massiven Rückgang seines Energieniveaus und seinem Verlangen nach Junk Food verursacht. Es brauchte viele Versuche, bis er schließlich erfuhr, dass es klüger wäre, zu Beginn die Ernährung auf gesunde Lebensmittel umzustellen und Kalorien langsam abzubauen.

Wortschatz

- Essen --- food
- Diät --- diet
- Kilo --- kilos (kilograms)
- (an Gewicht) abnehmen --- to lose weight
- streng --- strict
- Frühstück --- breakfast
- Schüssel --- bowl
- Haferflocken --- oatmeal
- Mikrowelle --- microwave
- Milch --- milk
- eine Portion --- a serving, a portion
- Obst --- fruit
- Banane --- banana
- Erdbeeren --- strawberries
- Mango --- mango
- Tasse Kaffee --- cup of coffee
- Mittagessen --- lunch
- leichte Mahlzeit --- light meal
- Gewichtsverlust --- weight loss
- Spinatsalat --- spinach salad

- Karotten --- carrots
- Zwiebeln --- onions
- Gurken --- cucumbers
- Bohnen --- beans
- Croutons --- croutons
- Nüsse --- nuts
- Dressing --- dressing
- Kalorien --- calories
- ein kleiner Tupfer --- a small dab
- satt --- full
- Suppe --- soup
- Tomatensuppe --- tomato soup
- am liebsten --- best
- Abendessen --- dinner
- Möglichkeiten --- possibilities
- Abend --- evening
- Pasta- und Gemüsemischung --- pasta and vegetable mix
- Olivenöl --- olive oil
- Italienische Gewürze --- Italian spices
- Reis --- rice
- Knoblauch-Zwiebel-Sauce --- garlic and onion sauce

- Thailändisches Currygericht --- Thai curry dish
- Grünkohl --- kale
- Süßkartoffel --- sweet potato
- Entscheidungen --- decisions
- Kochen --- cooking
- stressiger und anspruchsvoller Job --- stressful and demanding job
- um eine Mahlzeit zuzubereiten --- to prepare a meal
- Energie --- energy
- Appetit --- appetite
- Hunger --- hunger
- zuckerhaltiges Getreide --- sugary cereal
- schwarzer Kaffee --- black coffee
- kalorienhaltiger Milchkaffee --- high calorie milk coffee
- Fastfood-Mahlzeiten --- fast food meals
- Eis --- ice cream
- Pommes frites --- French fries
- Angst --- anxiety
- an Gewicht zunehmen --- to gain weight
- Verlangen --- craving
- gesunde Ernährung --- healthy diet
- Kalorien abbauen --- to cut down on calories

Fragen zum Verständnis

1. Wie viel Dressing gibt Niklas auf seinen Salat?
   A) Überhaupt keines
   B) Eine große Kugel
   C) Ein kleiner Tupfer
   D) Er ertränkt es in Dressing.

2. Was ist Niklas' Lieblingsessen zum Abendessen?
   A) Eine Mischung aus Pasta und Gemüse, gekocht in Olivenöl und Italienischen Gewürzen
   B) Reis und Bohnen mit Knoblauch und Zwiebelsoße
   C) Ein thailändisches Currygericht mit Grünkohl und Süßkartoffeln
   D) Die Geschichte sagt nicht, was Niklas' Lieblingsessen ist.

3. Was passierte in der fünften Woche von Niklas‘ Diät?
   A) Seine Energie begann zu steigen, während sein Appetit und Hunger schnell nachließen.
   B) Seine Energie begann zu sinken, während sein Appetit und Hunger schnell zunahmen.
   C) Seine Energie blieb gleich, während sein Appetit und Hunger ansteigen.
   D) Seine Energie begann zu sinken, während sein Appetit und Hunger gleich blieben.

4. Pizza, Eis, Pommes frites und Snacks werden in der Regel als....bezeichnet.
   A) gesunde Ernährung
   B) ein ausgewogenes Frühstück
   C) Junk Food
   D) kalorienarme Lebensmittel

5. Wenn Niklas seine Ernährung mit 90 Kilo begann, wie viele Kilo wog er am Ende der Geschichte?
   A) 85 Kilo
   B) 90 Kilo
   C) 95 Kilo
   D) 100 Kilo

English Translation

Niklas has been on a diet now for four weeks and has already lost five kilos. His new diet is very strict, but he follows it extremely closely.

For breakfast, he eats a small bowl of oatmeal cooked in the microwave with either water or milk. He also has a serving of fruit with his oatmeal, like a banana, strawberries, or a mango. And of course, what breakfast would be complete without a cup of coffee?

For lunch, Niklas prefers to eat a light meal to maximize his weight loss, so he usually has a spinach salad. On top of his salad, he puts carrots, onions, cucumbers, beans, croutons, and nuts. Dressing tends to have a lot of calories, so he adds just a small dab. If the salad does not fill him up, he'll also eat some soup. Usually, it's tomato soup, as that is his favorite.

For dinner, there are a few options available, depending on what he wants that night. He can have a pasta and vegetable mix cooked in olive oil and Italian spices. Or he can have rice and beans topped with a garlic and onion sauce. He can also have a Thai curry dish with kale and sweet potato. All choices require some cooking, but it's worth it in the end.

All was going pretty well for Niklas until the fifth week started. Like many of us, he works a stressful and demanding job, so there wasn't always enough time to prepare every meal. His energy started dropping, while his appetite and hunger started rising rapidly.

Soon, the small bowl of oatmeal for breakfast became the large bowl of sugary cereal. And the black coffee was now drowned in a high calorie coffee creamer.

The salad for lunch turned into fast food meals, since Niklas was always running late for meetings. Originally, he was drinking water with this meal as well as every meal, but now it was soda.

And dinner was just hopeless after a while. Niklas would come home exhausted from work and could not bring himself to cook. Pizza, ice cream, French fries, and snacks were much easier choices and helped take his mind off all the anxiety.

Several weeks later, he had regained all five kilos he had lost and even gained an additional five kilos on top of that ! The failure made Niklas feel even worse. He vowed, for his next diet, that he would be even more strict and eat even less food.

Unfortunately, he doesn't realize that the massive drop in calories is causing an equally massive dip in his energy levels and cravings for junk food. It would take many attempts before he finally learned that starting his diet with lots of healthy foods and slowly cutting down calories would be the wiser move.

KAPITEL 2: ÜBUNG

Niklas beschließt, dass er wirklich anfangen sollte, sich durch Bewegung besser um sich selbst zu kümmern. Es wird helfen, seinen Stress zu bewältigen und ihm sogar helfen, das zusätzliche Gewicht zu verlieren, das er angelegt hat. Ab nächster Woche wird er eine Jogging-Routine beginnen, in der er fünf Tage die Woche laufen wird.

Am ersten Tag wacht er extra früh vor der Arbeit auf und zieht seine Tennisschuhe an, und ist bereit, loszulaufen. Nach einigen grundlegenden Dehnungen beginnt das Joggen und alles scheint gut zu laufen. Innerhalb von zwei Minuten ist Niklas jedoch außer Atem. Er keucht und seine Atmung wird super schwer. Und schon nach fünf Minuten wird das Joggen durch Gehen ersetzt. Er erkennt die Wahrheit. Er ist nicht in Form.

Im Laufe der Zeit werden aus Tagen Wochen. Wochen werden zu Monaten. Niklas ist nun in der Lage, 30 Minuten lang kontinuierlich zu laufen. In ein oder zwei Jahren könnte er einen Marathon laufen, denkt er sich. Während er stolz auf seine Verbesserung ist, ist es extrem langweilig geworden, nichts als Cardio zu tun, also ist eine Änderung der Routine der nächste Schritt.

Niklas' Freunde Sebastian und Peter haben ihn eingeladen, nach der Arbeit Gewichte zu heben, so dass sie sich alle im Fitnessstudio treffen und gerne etwas Zeit miteinander verbringen. Sie entscheiden sich für ein Trainingsprogramm an fünf Tagen in der Woche, bei dem sie ein Körperteil pro Woche bearbeiten: Brust, Rücken, Schultern, Beine und Arme.

Jeder Tag erfordert große Anstrengung, aber der Endorphinrausch am Ende jedes Trainings macht es alles wert. Zum Abkühlen entspannen sich die Männer, indem sie auf den Laufbändern laufen oder in der Sauna 10 Minuten lang schwitzen.

Einige Zeit vergeht und Niklas entscheidet, dass Gewichtheben für ihn nicht gut passt. Sebastian und Peter sind zu ehrgeizig, und deshalb wird die Intensität der Trainingseinheiten immer schmerzhafter als spaßig. Im Fitnessstudio bieten sie jedoch Yogakurse an, so dass Niklas sich dazu entschließt, mit Yoga anzufangen.

Die Kurse unterrichten eine Vielzahl von Dehnungen und Posen, die den Körper lockern und den Geist beruhigen sollen. Der Unterricht ist keineswegs einfach, und sie bringen alle Schüler zum Schwitzen. Dennoch ist es nicht so intensiv wie Gewichtheben. Und es macht viel mehr Spaß und bringt mehr Entspannung als Joggen. Nach jeder Stunde und fühlt sich Niklas erfrischt und aufgeregt, um wiederzukommen. Er fängt sogar an, mit einigen hübschen Mädchen zu plaudern, auf die er sich jede Woche freut. Es ist eine Routine mit einem zusätzlichen Anreiz zur Aufrechterhaltung.

Wortschatz

- Übung --- exercise
- Gewicht verlieren --- to lose weight
- Joggen --- to jog
- Routine --- routine
- früh aufwachen --- to wake up early
- Tennisschuhe --- tennis shoes
- grundlegende Dehnung --- basic stretching
- außer Atem sein --- to be out of breath
- Keuchen --- to gasp, to pant
- Atmung --- breathing
- Gehen --- walking
- aus der Form zu sein --- to be out of shape
- um kontinuierlich zu laufen --- to run continuously
- Marathon laufen --- to run a marathon
- Cardio --- cardio
- Gewichte heben --- to lift weights
- Fitnessstudio --- gym
- (mit)einander --- (with) each other
- Trainingsprogramm --- training program
- Brust --- chest

- Rücken --- back
- Schultern --- shoulders
- Beine --- legs
- Arme --- arms
- große Anstrengung --- great effort
- Endorphinrausch --- endorphin rush
- Abkühlen --- to cool down
- Entspannen --- to relax
- Laufbänder --- treadmills
- schwitzen --- to sweat
- Sauna --- sauna
- Gewichtheben --- weightlifting
- zu ehrgeizig --- overambitious
- Intensität --- intensity
- Yogakurse --- yoga classes
- Dehnungen und Posen --- stretches and poses
- den Körper lockern --- to loosen the body
- den Geist beruhigen --- calm the mind
- Unterricht --- classes
- Schüler --- students
- sich erfrischt fühlen --- to feel refreshed

- aufgeregt --- excited
- wiederzukommen --- to come back
- zusätzlicher Anreiz --- additional incentive
- Aufrechterhaltung --- maintenance

Fragen zum Verständnis

1. In welchen Schuhen ist Niklas gelaufen?
   A) Stollen
   B) Tennisschuhe
   C) Hohe Absätze
   D) Laufstiefel

2. Warum hat Niklas aufgehört zu rennen?
   A) Er hat sein Ziel erreicht.
   B) Er war es leid, früh aufzustehen.
   C) Er war extrem gelangweilt.
   D) Er wollte keinen Marathon laufen.

3. Niklas, Sebastian und Peter verpflichteten sich zu einem Trainingsprogramm für....
   A) Brust, Rücken, Schultern, Beine und Arme.
   B) Brust, Rücken, Laufen, Beine und Cardio.
   C) Brust, Schwimmen, Schultern, Laufen und Arme.
   D) Yoga, Cardio, Joggen, Gewichtheben und Sport.

4. Wie entspannen sich die Männer nach dem Training?
   A) Laufen auf den Laufbändern, während Sie Musik hören.
   B) Eine schnelle 10-minütige Yoga-Routine durchführen.
   C) Schwimmen im Pool oder eine heiße Dusche.
   D) Auf den Laufbändern laufen oder in der Sauna schwitzen für 10 Minuten.

5. Warum hat Niklas aufgehört, Gewichte zu heben?
    A) Er war extrem gelangweilt.
    B) Die Trainingseinheiten waren zu intensiv und ehrgeizig.
    C) Sebastian und Peter haben aufgehört Gewichte zu heben.
    D) Niklas erlitt eine Verletzung.

English Translation

Niklas decides that he should really start taking better care of himself by exercising. It will help manage his stress and even help him lose the extra weight he put on. Starting next week, he will begin a jogging routine, where he will run five days a week.

On the first day, he wakes up extra early before work and puts on his tennis shoes, eager to get started. After some basic stretches, the jogging starts, and everything seems to go well. Within two minutes, however, Niklas is out of breath. He's wheezing, and his breathing becomes super heavy. And after just five minutes, the jogging is replaced by walking. He realizes the truth. He is out of shape.

As time passes, days become weeks. Weeks become months. Niklas is now able to run continually for 30 minutes. Within a year or two, he could be running a marathon, he thinks. While he's proud of his improvement, doing nothing but cardio has grown extremely boring, so a change of routine is the next step.

Niklas's friends Sebastian and Peter have invited him to come lift weights after work, so they all meet at the gym, eager to spend some time together. They decide to commit to a workout program five days a week, where they will work one body part per week: chest, back, shoulders, legs, and arms.

Each day requires strenuous effort, but the endorphin rush at the end of each workout makes it all worth it. To cool down, the men relax by walking on the treadmills or sweating it out in the sauna for 10 minutes.

Some time passes, and Niklas decides that weightlifting isn't a good fit for him. Sebastian and Peter get too competitive with it, and the intensity of the workouts has become more painful than fun. At the gym, however, they offer yoga classes, so Niklas signs up, eager to start.

The classes teach a variety of stretches and poses designed to loosen the body and calm the mind. The lessons are not easy by any means, and they make all the students sweat. Yet, it's not as intense as weightlifting. And it's much more fun and relaxing than jogging. Niklas leaves each class feeling refreshed and excited to come back for more. He even starts chatting with some pretty girls whom he looks forward to seeing every week. It's a routine with an extra incentive to maintain.

KAPITEL 3: HOBBYS

"Es wäre wirklich schön, mit einem dieser Mädchen aus dem Kurs ein Date zu haben", denkt Niklas bei sich. "Hoffentlich kann ich mit einem von ihnen etwas gemeinsam finden und vielleicht eine Verbindung herstellen."

Seine Hobbys waren etwas ähnlich. Jeder schaut gerne fern und Filme, darunter Niklas, aber würde er ein Mädchen finden können, das Videospiele mag? Wenn nicht, konnte er jemanden finden, der sich mit professionellem Baseball und Basketball beschäftigt, so sehr wie er es tut? Es wäre erstaunlich, wenn er jemanden hätte, mit dem er über Politik, Geschichte und Regierung sprechen könnte.

Das erste Mädchen, das er aus dem Yogakurs kennenlernte, war Lena, die sofort richtig schlau schien. Sie war ein großer Leser, aber von Fiktionsbüchern und nicht von Sachbüchern. Ihre Leidenschaft war die Literatur und sie konnte stundenlang über die aktuelle Geschichte sprechen, die sie gerade las. Außerdem hat sie sich viel um ihren Hund gekümmert und ihn zu langen Spaziergängen mitgenommen. Und gelegentlich gönnt sie sich eine Flasche Wein und schaut sich Horrorfilme an.

Anja war das zweite Mädchen, das er aus dem Kurs kennenlernte, obwohl sie nicht immer viel Zeit zum Reden hatte. Es gab immer einen Ort, an dem sie sein musste. Es war offensichtlich, dass sie extrem fit und in guter Form war, und Niklas erfuhr später, dass sie eine Bodybuilding-Athletin und Coach war. Wenn sie keinen Termin mit einem Kunden hatte, war sie damit beschäftigt, ihr Geschäft aufzubauen. Anja hatte eine große Fangemeinde und baute eine Bekleidungsmarke auf, die T-Shirts, Sweatshirts, Hüte und Accessoires verkaufte. Man könnte sagen, sie war ein Workaholic, aber man musste zugeben, dass sie sehr erfolgreich war.

Das letzte Mädchen, mit dem Niklas Zeit verbrachte, war Stefanie, die ein bisschen ein sozialer Schmetterling war. Sie hatte einen großen sozialen Freundeskreis, mit dem sie reden und sich treffen konnte. Es war klar, dass sie extrovertiert war. Wenn sie nicht getextet hat, war sie mit Freunden unterwegs, um zu trinken und in Clubs zu gehen. Falls sie sich doch dazu entscheid, daheim zu bleiben, sah Stefanie japanische Anime und spielte Videospiele.

Niklas fühlte sich sofort von Stefanie angezogen, da er endlich jemanden gefunden hat, mit dem er sich über aktuelle und kommende Spiele unterhalten konnte. Ihre Persönlichkeiten schienen jedoch nicht sehr gut zusammen zu passen. Die Chemie war einfach nicht da. Sie schienen nie in der Lage zu sein, über etwas anderes als ihre gemeinsamen Hobbys zu sprechen.

Anja hatte nie wirklich viel Zeit zum Reden, aber Lena war mehr als bereit, etwas Zeit mit ihm zu verbringen. Niklas hörte sich an, was sie über alle ihre Lieblingsbücher erzählte und sie konnte ihn sogar überzeugen, sich ein Hörbuch anzuhören. Lena zeigte kein großes Interesse an Sport und Geschichte, aber sie fühlte sich von der Leidenschaft und Energie angezogen, die Niklas ausstrahlte, wenn er über Themen sprach, die ihm wichtig waren. Ihr gegenseitiges Interesse an einander reichte aus, damit sie mit der Verabredung beginnen konnten.

Wortschatz

- Hobbys --- hobbies
- ein Date haben --- to have a date (with somebody)
- gemeinsam --- common, mutual
- etwas Gemeinsames finden --- to find something in common
- eine Verbindung herstellen --- to make a connection
- ähnlich --- similar
- Fernsehen und Filme ansehen --- to watch TV and movies
- Videospiele --- video games
- professioneller Baseball --- professional baseball
- Basketball --- basketball
- Politik --- politics
- Geschichte --- history
- Regierung --- government
- sofort --- immediately
- großer Leser --- big reader
- Fiktionsbücher --- fiction books
- Sachbücher --- non-fiction books
- Leidenschaft --- passion
- Literatur --- literature
- lesen --- to read

- sich um einen Hund kümmern --- to take care of a dog
- lange Spaziergänge --- long walks
- Flasche Wein --- bottle of wine
- Horrorfilme --- horror movies
- kennenlernen --- to get to know
- offensichtlich --- obviously
- extrem fit --- extremely fit
- gut in Form sein --- to be in great shape
- Bodybuilding-Athletin --- bodybuilding athlete
- Coach --- coach
- Termin --- appointment
- Kunde --- customer, client
- ein Geschäft aufbauen --- to build a business
- Fangemeinde --- fan base
- Bekleidungsmarke --- clothing brand
- T-Shirts --- T-shirts
- Sweatshirts --- sweatshirts
- Hüte --- hats
- Accessoires --- accessories
- Workaholic --- workaholic
- erfolgreich --- successful

- sozialer Schmetterling --- social butterfly
- Freundeskreis --- circle of friends
- treffen --- to meet
- extrovertiert --- extrovert
- texten --- to text
- Trinken und Clubbing --- drinking and clubbing
- daheim --- home
- bleiben --- to stay
- japanische Anime ansehen --- to watch Japanese anime
- Videospiele spielen --- to play video games
- Persönlichkeiten --- personalities
- zusammen --- together
- (romantische) Chemie --- (romantic) chemistry
- Zeit verbringen --- to spend time
- Lieblingsbücher --- favorite books
- überzeugen --- to convince
- Hörbüch --- audiobook
- Sport --- sports
- gegenseitiges Interesse --- mutual interest

Fragen zum Verständnis

1. Wenn du etwas mit jemandem gemeinsam hast, bedeutet das....
   A) ihr mögt euch beide.
   B) ihr seid ineinander verliebt.
   C) ihr mögt euch nicht.
   D) ihr habt ein gemeinsames Hobby, an dem ihr beide interessiert seid.

2. Politik, Geschichte und Regierung werden typischerweise berücksichtigt in.....
   A) Fiktionsbüchern.
   B) Sachbüchern.
   C) Literatur.
   D) Alle der oben genannten Punkte

3. Anja war nicht nur eine Bodybuilding-Athletin und Trainerin, sondern auch...
   A) eine private Geschäftsfrau.
   B) eine Alkoholikerin.
   C) eine Yogalehrerin.
   D) ein sozialer Schmetterling.

4. Welcher der folgenden Punkte beschreibt einen Extrovertierten am besten?
   A) Jemand, der laut und nervtötend ist
   B) Jemand, der mutig und mutig ist
   C) Jemand, der gesprächig und aufgeschlossen ist
   D) Jemand, der schüchtern und zurückhaltend ist

5. Welches Paar hatte am Ende die beste Chemie?
    - A) Niklas und Stefanie
    - B) Niklas und Anja
    - C) Niklas und Lena
    - D) Niklas und der Yogalehrer

English Translation

"It would be really nice to go on a date with one of those girls from class," Niklas thinks to himself. "Hopefully, I can find something in common with one of them and maybe make a connection."

His hobbies were somewhat relatable. Everybody likes watching TV and movies, including Niklas, but would he be able to find a girl who likes video games? If not, could he find someone into professional baseball and basketball as much as he was? It would be amazing if he had someone to talk to about politics, history, and government.

The first girl he met from yoga class was Lena, who seemed really smart right away. She was a big reader, but of fiction rather than non-fiction. Her passion was literature, and she could talk for hours about the current story she was reading. Besides that, she spent a lot of time taking care of her dog and taking him for long walks. And occasionally, she'd treat herself to a bottle of wine and watch horror movies.

Anja was the second girl he got to know from class, although she didn't always have a lot of time to talk. There was always somewhere she needed to be. It was obvious that she was extremely fit and in great shape, and Niklas later learned that she was a female bodybuilding athlete and coach. If she didn't have an appointment with a client, she was busy building her business. Anja had a big social media following and built a clothing brand that sold T-shirts, sweat shirts, hats, and accessories. You could say she was a workaholic, but you had to admit she was very successful.

The last girl Niklas spent time with was Stefanie, who was a bit of a social butterfly. She had a large social circle of friends to talk to and hang out with. It was clear that she was an extrovert. If she wasn't texting, she was out with friends, drinking and clubbing. On the occasion that she did decide to stay home, Stefanie would watch Japanese anime and play video games.

Niklas was immediately drawn to Stefanie, as he finally found someone he could nerd out with about current and upcoming games. Their personalities, however, didn't seem to match very well. The chemistry just wasn't there. They never seemed to be able to talk about anything outside of their mutual hobby.

Anja never really had much time to talk, but Lena was more than willing to spend some time with him. Niklas listened to her talk about all her favorite books, and she even convinced him to try reading a book via audiobooks. Lena didn't show much interest in sports or history, but she was attracted to the passion and energy Niklas emitted whenever he spoke about subjects he cared about. Their mutual interest in one another was enough for them to start dating.

KAPITEL 4: ARBEIT

Während Niklas' soziales Leben aufblüht, ist sein Arbeitsleben das polare Gegenteil. Er arbeitet in einem Büro für eine Versicherungsgesellschaft, und während die Bezahlung gut ist, ist die Arbeitsbelastung überwältigend.

Jeden Morgen überprüft er seine Arbeits-E-Mail und findet 50 neue Anfragen, die sofort bearbeitet werden müssen. Wenn er die E-Mails nicht schnell vor dem Mittagessen versendet und bearbeitet, gerät er in Verzug und muss höchstwahrscheinlich Überstunden leisten. Es ist extrem stressig und vor allem, wenn sein Chef ihm über die Schulter schaut.

Niklas' Chef muss streng mit allen Mitarbeitern umgehen. Ein Fehler und es könnte das Unternehmen ein kleines Vermögen kosten. Nicht nur der Mitarbeiter wird hart diszipliniert, auch der Chef wird streng beobachtet.

Versicherungen sind ein schwieriges Geschäft. Es ist nicht für Schwache. Meetings, Dokumente und Vorschriften sind von größter Bedeutung, und man kann es sich nicht leisten, etwas zu verpassen oder zu vergessen. Du könntest dafür gefeuert werden!

"Wie schaffe ich es in den Ruhestand?", fragt sich Niklas mindestens einmal pro Woche. Und er hat Glück, wenn diese Frage nur einmal in dieser Woche auftaucht. Stress und Angst bringen ihn an seine Grenzen. Es ist nur eine Frage der Zeit, bis er aufhört.

Wie wäre das Leben gewesen, wenn er einen anderen Hochschulabschluss gewählt hätte? Was ist, wenn er in die Informatik gegangen wäre? Hätte ihm das Programmieren mehr

Spaß gemacht? Was wäre, wenn er sich beim Spielen für das College-Baseballteam mehr angestrengt hätte? Hätte er es auf die professionelle Ebene geschafft? Was wäre, wenn er es in der Schule als Profispieler geschafft hätte und für seinen Lebensunterhalt Videospiele spielen könnte? Es wäre ein Traum gewesen, der wahr geworden wäre.

Für Niklas verlief das Leben leider nicht so. Er mag an einem Job hängen, den er hasst, aber zumindest hat er die Hoffnung, dass sich die Dinge ändern werden. Vielen seiner Mitarbeiter scheint diese Hoffnung zu fehlen. Depressionen und Ängste sind an seinem Arbeitsplatz üblich, aber es gibt eine Handvoll Kollegen, die Spaß daran haben, mit ihnen zu reden und Witze zu machen, um die Stimmung zu verbessern. Sie machen es nur ein wenig einfacher, jeden Tag durchzukommen. Das macht den Unterschied.

Es gibt jedoch auch andere, die von der Härte des Lebens völlig zerquetscht zu sein scheinen und heute nur noch Hüllen ihres früheren Selbst sind. Diese Leute machen Niklas mehr Angst als jeder andere Boss je zuvor.

Aber wann wird sich das ändern? Wie werden sie sich ändern? Das Einzige, was sicher ist, ist, dass sich etwas ändern muss.

Wortschatz

- Arbeit --- work
- soziales Leben --- social life
- polares Gegenteil --- polar opposite
- Büro --- office
- Versicherungsgesellschaft --- insurance company
- Bezahlung --- pay
- Arbeitsbelastung --- workload
- überwältigend --- overwhelming
- E-Mail --- email
- Anfragen --- requests
- bearbeiten --- to process
- versenden --- to dispatch
- in Verzug geraten --- to fall behind schedule
- Überstunden leisten --- to work overtime
- Chef --- boss
- Mitarbeiter --- employee, co-worker
- Fehler --- error
- ein kleines Vermögen --- a small fortune
- hart diszipliniert werden --- to be disciplined harshly
- beobachten --- to observe

- Meetings --- meetings
- Dokumente --- documents
- Vorschriften --- regulations
- von größter Bedeutung --- of the utmost importance
- gefeuert werden --- to be fired
- Ruhestand --- retirement
- Grenzen --- limits
- Frage der Zeit --- matter of time
- Hochschulabschluss --- college degree
- Informatik --- computer science
- Programmieren --- programming
- College-Baseballteam --- college baseball team
- professionelle Ebene --- professional level
- Profispieler --- professional players
- Schule --- school
- Lebensunterhalt --- living, livelihood
- ein Traum wird wahr --- a dream come true
- Depression --- depression
- Arbeitsplatz --- workplace
- Kollegen --- colleagues
- Witze machen --- to crack jokes

- die Stimmung verbessern --- to lighten the mood
- jeden Tag --- each day
- durchkommen --- to get through
- den Unterschied machen --- to make all the difference
- Hülle des früheren Selbst --- shell of one's former self

Fragen zum Verständnis

1. Was passiert, wenn Niklas die E-Mails nicht schnell vor dem Mittagessen versendet und bearbeitet?
   A) Er wird gefeuert und sofort nach Hause geschickt.
   B) Er wird früh nach Hause gehen und Videospiele auf seinem Computer spielen können.
   C) Er wird in den nächsten fünf Jahren nicht für eine Beförderung in Frage kommen.
   D) Er wird hinter dem Zeitplan zurückbleiben und höchstwahrscheinlich Überstunden machen müssen.

2. Wer könnte für einen Fehler im Büro diszipliniert werden?
   A) Der Mitarbeiter
   B) Der Chef
   C) Der Mitarbeiter und der Chef
   D) Nur Niklas

3. Niklas hat sein ganzes Leben lang mehrere Karrierewege in Betracht gezogen, aber nicht.....
   A) an einer Schule zu unterrichten.
   B) ein Profi-Spieler zu werden.
   C) Baseball auf professionellem Niveau zu spielen.
   D) ein Computerprogrammierer zu werden.

4. Ein Kollege ist ein anderes Wort für.....
   A) ein Chef.
   B) ein Freund.
   C) einen Vorgesetzten.
   D) ein Mitarbeiter.

5. Von der Härte des Lebens erschüttert werden, sind...
   A) Magenverstimmungen.
   B) Depressionen und Angstzustände.
   C) Träume, die wahr werden.
   D) eine Aufhellung der Stimmung.

English Translation

While Niklas's social life was blooming, his life at work was the polar opposite. He works at an office for an insurance company, and while the pay is good, the workload is overwhelming.

Each morning, he checks his work email to find 50 new requests that have to be immediately dealt with. If he doesn't quickly dispatch and process the emails before lunch, he will get caught behind schedule and most likely have to work overtime. It's extremely stressful and more so when his boss is watching him over his shoulder.

Niklas's boss has to be strict with all the employees. One mistake and it could cost the company a small fortune. Not only will the employee be disciplined harshly, but the boss will be too.

Insurance is a difficult business to work in. It is not for the weak. Meetings, documents, and regulations are all of the utmost importance, and you cannot afford to miss or forget anything. You could be fired for it!

"How am I going to make it to retirement?" Niklas asks himself at least once a week. And he's lucky if this question only comes up once that week. Stress and anxiety are pushing him to his limits. It's only a matter of time before he breaks.

What would life have been like if he had chosen a different college degree? What if he went into computer science? Would he have enjoyed programming more? What if he pushed himself harder while playing for the college baseball team? Would he have made it to the professional level? What if he had made it as a pro-gamer back when he was in school and got to play video games for a living? It would have been a dream come true.

Life didn't turn out that way for Niklas, unfortunately. He might be stuck with a job he hates, but at least he has hope things will change. Many of his co-workers seem to lack that same hope.

Depression and anxiety are common in his workplace, but there are a handful of colleagues who are fun to talk to and crack jokes with to lighten the mood. They make it just a little easier to get through each day. That makes all the difference.

There are others, though, who seem to be absolutely crushed by the harshness of life and are now just shells of their former selves. Those people scare Niklas more than any boss ever has.

But when will things change? How will they change? The only thing that is certain is that something must change.

KAPITEL 5: STADT UND ORT

Vor seinem großen Date mit Lena heute hatte Niklas ein paar Besorgungen zu erledigen, um sicherzustellen, dass alles bereit war. Zuerst einmal war der Weg zur Bank notwendig, damit er genügend Bargeld für den arbeitsreichen Tag vor ihm abheben konnte. Auf dem Weg zur Bank hielt er in seinem Lieblingscafé an, um etwas dringend benötigtes Koffein zu holen, um den Tag zu beginnen.

Als nächstes musste er zur Post laufen und einige überfällige und fast verspätete Post abgeben. Danach ging es ins Einkaufszentrum, um ein neues Outfit für das heutige Date zu finden. Er durchsuchte zwei Bekleidungsgeschäfte und hatte sogar genug Zeit, sich im Friseurladen einen neuen Haarschnitt zuzulegen.

Um 14:00 Uhr trafen sich Niklas und Lena, um eine Tour durch die Stadt zu machen. Sie begannen mit einem Spaziergang durch den Park und informierten sich über die Ereignisse der Woche. Im Inneren des Parks befand sich ein großer Platz, wo das Paar ein kleines Konzert einer Rockband fand. Nachdem sie ein paar Lieder gehört hatten, verließen sie den Park und fuhren zu einem lokalen Freizeitpark.

Aufgrund eines großen Unfalls musste der Freizeitpark geschlossen werden, so dass das Paar als Backup-Plan beschloss, stattdessen ins Kino zu gehen. Zu Lena's Glück konnten sie in dieser Woche einen Horrorfilm finden. Die Wartezeit auf den Film beträgt eine Stunde, gingen sie in einem nahegelegenen Restaurant Abendessen und hatten gerade genug Zeit, um es zurück ins Kino zu schaffen. Der Film erwies sich als ziemlich allgemein und vorhersehbar, aber es gab einen Jumpscare, von dem Niklas und Lena wirklich, wirklich erschrocken wurden.

Als der Abend kam, hatte das Paar das gegenseitige Gefühl, nicht zu lange in der Stadt bleiben zu wollen, aber sie stimmten einem Drink in einer einzigartigen Bar zu, die sie auf ihren Smartphones suchten. Es hatte ein mittelalterliches Burgthema und war mit Bannern, Rüstungen und Stühlen verziert, die wie Throne aussahen. Das Gespräch zwischen den Beiden nahm Fahrt auf und es wurde mehr Alkohol getrunken.

Jetzt waren sie beide zu betrunken, um sicher nach Hause zu fahren! Ohne sich für eine Nacht im Club zu interessieren, warteten sie zwei Stunden, um nüchtern zu werden, bevor sie nach Hause fuhren. Ein Taxi zu rufen wäre eine unglaublich teure Option und außerdem müssten sie eh nicht so lange warten. Um sich die Zeit zu vertreiben, gingen sie die Uferpromenade entlang und hielten am Lebensmittelladen für einen schnellen Snack an.

Niklas und Lena genossen die Anwesenheit des anderen sehr, so dass die Stunden schneller vergingen als erwartet, aber es war Zeit, sich zu trennen. Sie gaben sich einen kurzen Kuss und lächelten frech, und das war's, bevor sie beide nach Hause fuhren.

Wortschatz

- Stadt und Ort --- city and place
- Besorgungen --- errands
- Bank --- bank
- Bargeld abheben --- to withdraw crash
- Lieblingscafé --- favorite cafe
- Koffein --- caffeine
- Post --- post office
- überfällig --- overdue
- Einkaufszentrum --- shopping mall
- Outfit --- outfit
- Bekleidungsgeschäfte --- clothing stores
- Haarschnitt --- haircut
- Friseurladen --- barber shop
- Tour durch die Stadt --- tour of the city
- Park --- park
- Ereignisse --- events
- großer Platz --- large plaza
- Paar --- couple
- kleines Konzert --- small concert
- Rockband --- rock band

- Lieder --- songs
- Freizeitpark --- amusement park
- Unfall --- accident
- geschlossen --- closed
- Backup-Plan --- backup plan
- Kino --- movie theater
- Wartezeit --- waiting time
- beträgt --- amounts to
- nahegelegen --- nearby
- Restaurant --- restaurant
- allgemein --- generic
- vorhersehbar --- predictable
- Jumpscare --- jumpscare
- ein Drink --- a drink
- eine einzigartige Bar --- a unique bar
- Smartphones --- smartphones
- mittelalterliche Burg --- medieval castle
- Thema --- theme
- Banner --- banner
- Rüstungen --- armor
- Stühle --- chairs

- Throne --- thrones
- Gespräch --- conversation
- betrunken --- drunk
- nach Hause fahren --- to drive back home
- eine Nacht im Club --- a night of clubbing
- nüchtern werden --- to sober up
- ein Taxi rufen --- to call a taxi
- unglaublich teurer --- incredibly expensive
- Option --- option
- Zeit vertreiben --- to pass time
- Uferpromenade --- promenade, boardwalk
- Lebensmittelladen --- grocery store
- ein schneller Snack --- a quick snack
- Anwesenheit --- presence
- trennen --- to separate
- kurzer Kuss --- brief kiss
- freche lächeln --- cheeky smile

Fragen zum Verständnis

1. Wenn Sie Geld auf Ihr Bankkonto einzahlen, heißt das...
   A) Abheben.
   B) Überprüfung des Guthabens.
   C) Eröffnung Ihres Kontos.
   D) Hinterlegung.

2. Was hat Niklas im Einkaufszentrum gemacht?
   A) Er spielte Videospiele in der Arcade.
   B) Er hing mit Freunden herum und kaufte Kleidung.
   C) Er kaufte Kleidung und ließ sich die Haare schneiden.
   D) Er ließ sich die Haare schneiden und nahm das Mittagessen im Food Court ein.

3. Wohin sind Niklas und Lena unmittelbar nach dem des Parks gegangen?
   A) Der Vergnügungspark
   B) Nach Hause
   C) Das Kino
   D) Das Restaurant

4. Wie haben die beiden von der mittelalterlichen Themenbar erfahren?
   A) Sie gingen herum und suchten nach einer Bar.
   B) Ein gemeinsamer Freund empfahl es ihnen.
   C) Sie suchten mit ihren Smartphones nach nahegelegenen Bars.
   D) Sie sahen eine Werbung für die Bar.

5. Wenn du berauscht bist, dann ist es unsicher, ...
   - A) mehr trinken.
   - B) ein Auto fahren.
   - C) am Telefon sprechen.
   - D) in der Öffentlichkeit herumlaufen.

English Translation

Before his big date with Lena today, Niklas had a few errands to run to make sure everything was ready. First of all, a trip to the bank was needed, so he could withdraw enough cash for the busy day ahead. Along the way to the bank, he stopped by his favorite coffee shop to pick up some much needed caffeine to jump-start the day.

Next, he had to make a run to the post office and drop off some mail that was overdue and nearly late. After that, it was off to the mall to find a new outfit to wear on today's date. He perused two clothing stores and even had enough time to get himself a new haircut at the barber shop.

At 2:00 pm, Niklas and Lena met up, ready to take a tour around town. They started by walking around the park, catching up on what happened with each other during the week. Inside the park was a large plaza, where the couple found a small concert by a rock band. After hearing a few songs, they left the park and drove towards a local amusement park.

Due to a large accident, the amusement park had to be shut down, so as a back-up plan, the couple decided to go to the movie theater instead. To Lena's luck, they were able to find a horror movie playing that week. It would be an hour-long wait for the movie, so they grabbed an early dinner at a nearby restaurant with just enough time to make it back to the theater. The movie turned out to be fairly generic and predictable, but there was one jumpscare that got both Niklas and Lena really, really good.

As the evening came, the couple had a mutual feeling of not wanting to stay out too late in the city, but they agreed to have one drink at a unique bar they found searching on their smartphones. It had a medieval castle theme and was decorated with banners, suits of armor, and chairs that looked like thrones. The conversation picked up between the two and along with it came more drinking.

Now they were both too intoxicated to drive home safely! Not feeling up for a night of clubbing, they would wait two hours to sober up before driving home. Calling a taxi would be a crazy expensive option, and it wasn't all that much of a wait to begin with. To pass the time, they walked along the boardwalk and stopped by the grocery store for a quick snack.

Niklas and Lena thoroughly enjoyed each other's presence, so the hours passed quicker than expected, but it was time to part ways. A brief kiss was shared, along with a couple of cheeky smiles, and that was it before they both drove home.

KAPITEL 6: ZU HAUSE BLEIBEN

Es war ein Sonntagnachmittag. Niklas hatte keine besonderen Pläne, also schlief er aus und erlaubte sich, den Schlaf nachzuholen, den er unter der Woche verpasst hatte. Es war kein komplett fauler Tag, denn er hatte ein paar Hausarbeiten zu erledigen.

Am wichtigsten waren vielleicht die unbezahlten Rechnungen, um die man sich kümmern musste. Wohnen ist nicht billig. Miete, Strom, Wasser, Internet, Studentenkredite und Telefonpläne sind alle fällig. Dank der Technologie können diese jedoch alle online bezahlt werden, ohne das Haus zu verlassen.

Als nächstes hatte sich die Wäsche über die Woche angesammelt, und für die kommende Woche waren einige Ladungen notwendig. Er kümmerte sich nie darum, seine Wäsche nach Weiß, Dunkel und Farbe zu sortieren, also warf er stattdessen so viel ein, wie er konnte, goss etwas Waschmittel und Weichspüler ein und steuerte die Waschmaschine.

Während er darauf wartete, dass jede Ladung fertig war, dachte er, er würde produktiv bleiben, indem er das Geschirr spülte und das Haus staubsaugte. Niklas' Haus war keineswegs makellos, aber er tat jede Woche etwas, um zu erhalten, was er konnte. Für diese Woche würde er einige zusätzliche Arbeiten in der Küche machen. Er räumte den Kühlschrank aus, indem er abgelaufene Lebensmittel wegwarf. Er schrubbte auch die Theken mit Desinfektionsmittel und streichte alle Lebensmittelbrösel auf den Boden. Und zum Schluss fegte er den Boden mit Besen und

Kehrschaufel. Mit dem Wischen könnte er noch ein Wochenende lang warten.

Niklas war mehr daran interessiert, den Rest seines Tages am Computer zu verbringen und Videospiele zu spielen. Er war ein Fan von Strategiespielen und konnte Stunden damit verbringen, neue Strategien zu entwickeln, um gegen seine Freunde online und sogar im Einzelspieler-Modus auszuprobieren. Wenn er eine Pause brauchte, stand er gelegentlich für eine kurze Zeit auf, blickte aus den Fenstern, erhitzte etwas Essen in der Mikrowelle und setzte sich wieder hin, um mehr zu spielen.

Nachdem man zu viele Stunden vor dem Computer verbracht hatte, kam es zu einer kleinen existenziellen Krise. War es wirklich allzu klug, so viel Zeit mit Spielen zu verbringen, wenn man es für etwas Sinnvolleres nutzen könnte? Sicher, es gab Videos, die er online sehen konnte, aber wäre das anders? Und so nahm er die Kopfhörer in seinem Schlafzimmer und fing an, ein Hörbuch, das Lena ihm empfohlen hat, zu hören.

Das Hören des Buches fühlte sich sofort wie die richtige Nutzung seiner Zeit an und eröffnete sogar die Möglichkeit zur Selbstreflexion. Als er weiter zuhört, spazierte er durch sein Haus. Er öffnete und schloss seine Schranktüren ohne besonderen Grund. Er legte seine Hand auf die Couch und strich darüber. Es gab keinen Esstisch, um diese Aktion zu wiederholen, da er allein lebte und normalerweise in der Küche oder auf dem Balkon aß.

Bevor er sich versah, war es 22:00 Uhr. Es war Zeit fürs Bett. Während er das Hörbuch noch nicht fertig hatte, hatte er am nächsten Wochenende sicherlich etwas Neues zu besprechen, wenn er zum Familientreffen gehen würde. Er konnte sogar Lena mitbringen und sie als diejenige vorstellen, die ihn in das Buch eingeführt hat.

Wortschatz

- zu Hause bleiben --- to stay at home
- Sonntagnachmittag --- Sunday afternoon
- Schlafen --- to sleep
- Schlaf nachholen --- to catch up on sleep
- Hausarbeiten --- household chores
- unbezahlte Rechnungen --- unpaid bills
- Wohnen --- housing
- Miete --- rent
- Strom --- electricity
- Internet --- internet
- Studentenkredite --- student loans
- Telefonpläne --- phone plans
- fällig sein --- to be due
- Technologie --- technology
- online bezahlen --- to pay online
- das Haus verlassen --- to leave the house
- Wäsche --- laundry
- angesammelt --- accumulated
- Ladungen --- loads
- sortieren --- to sort

- einwerfen --- to throw in
- eingießen --- to pour in
- Waschmittel --- laundry detergent
- Weichspüler --- fabric softener
- steuern --- to operate
- Waschmaschine --- washing machine
- produktiv --- productive
- Geschirr spülen --- to wash the dishes
- Staubsaugen --- to vacuum
- makellos --- spotless
- zusätzliche Arbeit --- extra work
- Küche --- kitchen
- Reinigen --- cleaning
- Kühlschrank --- refrigerator
- wegwerfen --- to throw away
- abgelaufene Lebensmittel --- expired foods
- Theken --- counters
- schrubben --- to scrub
- Desinfektionsmittel --- disinfectant
- streichen --- to brush, to stroke
- Lebensmittelbrösel --- food crumbs

- Boden --- floor
- den Boden fegen --- to sweep the floor
- Besen und Kehrschaufel --- broom and dustpan
- Wischen --- mop
- den Rest des Tages --- the rest of the day
- Strategiespiele --- strategy games
- Einzelspieler-Modus --- single player mode
- blicken --- to glance
- Fenstern --- windows
- erhitzen --- to heat up
- existenzielle Krise --- existential crisis
- klug --- clever, wise
- Sinnvoller --- more meaningful
- online sehen --- to watch online
- Kopfhörer --- headphones
- Schlafzimmer --- bedroom
- die richtige Nutzung der eigenen Zeit --- the right use of one's time
- eröffnen die Möglichkeit --- to open up the possibility
- Selbstreflexion --- self-reflection
- spazieren --- to stroll
- Schranktüren --- closet doors

- ohne besonderen Grund --- no particular reason
- Couch --- couch
- darüber --- over it
- Esstisch --- dining table
- allein leben --- to live by oneself
- Balkon --- balcony
- Zeit fürs Bett --- bedtime
- sicherlich --- certaintly
- Familientreffen --- family gathering
- einführen --- to introduce

Fragen zum Verständnis

1. Wenn jemand den Schlaf nachholen muss, bedeutet das, dass...
   A) er zu viel geschlafen hat.
   B) er zu wenig geschlafen hat.
   C) er gerne schläft.
   D) er Schwierigkeiten beim Einschlafen hat.

2. Welcher der folgenden Punkte gilt nicht als Wohnungsunternehmen?
   A) Studentische Darlehen
   B) Wasser
   C) Elektrizität
   D) Internet

3. Bei der Reinigung der Küche hat Niklas nicht...
   A) die Theken mit Desinfektionsmittel geschrubbt.
   B) abgelaufene Lebensmittel weggeworfen.
   C) den Boden abgewischt.
   D) den Boden mit Besen und Kehrschaufel gefegt.

4. Was ist im Allgemeinen der schnellste Weg, um Lebensmittel zu kochen?
   A) Der Ofen
   B) Die Mikrowelle
   C) Der Ofen
   D) Der Toasterofen

5. Wo hat Niklas seine Kopfhörer gefunden?
   A) In seinem Schlafzimmer
   B) In seinem Schrank
   C) In der Waschmaschine
   D) Im Wohnzimmer

English Translation

It was a Sunday afternoon. Niklas had no particular plans, so he slept in and allowed himself to catch up on sleep he had missed during the week. It would not be a completely lazy day though, for he had a number of household chores to do.

Perhaps most important of all were the unpaid bills that needed to be taken care of. Housing isn't free, after all. Rent, electricity, water, internet, student loans, and phone plans all have payments due. Thanks to technology, however, all of these can be paid online without leaving the house.

Next, the laundry had piled up over the week, and a few loads would be necessary for the upcoming week. He never bothered to sort his laundry into whites, darks, and colors; instead, he would just throw as much as he could in each load, pour in some laundry detergent and fabric softener, and run the laundry machine.

While he waited for each load to finish, he figured he would stay productive by doing the dishes and vacuuming the house. Niklas's house was by no means spotless, but he did just a little bit each week to maintain what he could. This week, he would do some extra work in the kitchen. He cleaned out the fridge by throwing away expired foods. He also scrubbed the counters with disinfectant and brushed off all food crumbs to the floor. And he finished by sweeping the floor with his broom and dustpan. Mopping could wait another week, he thought.

Niklas was more interested in spending the rest of his day at the computer playing video games. He was a fan of strategy games and could spend hours coming up with new strategies to try out against his friends online and even in single player games. When he needed a break, he would occasionally get up, peer out the windows, heat up some food in the microwave, and sit back down for more gaming.

After spending too many hours in front of the computer, a small existential crisis would occur. Was it really all that wise to spend so much time gaming when it could be used for something more meaningful? Sure, there were videos he could watch online, but would that be any different? And so, he picked up the headphones in his bedroom and started to listen to some of the audiobook recommended to him by Lena.

Listening to the book instantly felt like the right use of his time and even opened up the opportunity for some self-reflection. As he kept listening, he wandered around his house. He opened and closed his closet doors for no particular reason. He put his hand on the couch and let it glide over as he walked across. There was no dining room table to repeat this action, as he lived by himself and usually ate in the kitchen or out on the balcony.

Before he knew it, it was 10:00 pm. It was time for bed. While he didn't finish the audiobook, he certainly had something new to talk about next weekend when he would go to the family gathering. He could even bring Lena and introduce her as the one who introduced him to the book.

KAPITEL 7: FAMILIE UND BERUFE

Lena hat sich gerne bereit erklärt, Niklas bei seinem Besuch bei seinem Familientreffen am folgenden Wochenende zu begleiten. Sie waren jetzt offiziell ein Paar, und es wäre ein guter Zeitpunkt, sie seiner Mutter, seinem Vater und seinen Brüdern vorzustellen.

Auch Niklas' Onkel namens Ernst war bei der Zusammenkunft dabei. Ernst war ein Maschinenbauingenieur, der an allen Arten von Maschinen arbeitete, darunter Dampf- und Gasturbinen sowie elektrische Generatoren. Er war ein äußerst intelligenter Mann, der Niklas in seinen jungen Jahren führte.

Während er mit seinem Onkel plauderte, bemerkte er seine beiden Cousins Finn und Michelle im Hintergrund. Die drei hingen ziemlich häufig als Kinder ab und teilten viele Kindheitserinnerungen. Sie wuchsen getrennt voneinander auf und als sie älter wurden, haben sie den Kontakt zueinander verloren. Finn arbeitete sich schließlich in eine Führungsposition in einem Einzelhandelsgeschäft hoch. Und Michelle war eine Teilzeitfrisörin, aber eine Vollzeitmutter.

Lena war offensichtlich überwältigt von all den neuen Gesichtern, aber sie konnte mindestens eine Person bei der Veranstaltung kennenlernen. Diese Person war Niklas' Schwägerin Nicole. Von Anfang an verstanden sich die beiden und bauten sofort eine Beziehung auf. Lena war von Beruf Journalistin, und Nicole war Autorin für eine Fernsehsendung, die von demselben

Medienunternehmen produziert wurde, für das sie beide arbeiteten. Während sie sich im Büro schon einmal gesehen hatten, hatten sie sich bisher noch nie getroffen.

Am Ende gab es einfach zu viele Leute, die Lena nicht treffen konnte und sogar Niklas nicht nachholen konnte. Sie begrüßten kurz seine Großmutter und Tanten, aber sie hatten nie die Gelegenheit, seine Nichten und Neffen zu begrüßen. Alle Kinder waren damit beschäftigt, im Garten zusammen zu spielen.

Die Familie konnte ein Gruppenfoto machen, auf dem auch Lena zu sehen war, die zur Teilnahme eingeladen wurde. Jedes Jahr ist es Niklas' Vater, der die Aufgabe erhält, das bestmögliche Familienfoto zu erstellen. Die Aufgabe ihm zu überlassen, ist sinnvoll, da er ein professioneller Fotograf ist.

Die Sonne ging unter, und der Tag wurde spät. Als alle gingen, hatte Niklas noch eine weitere Gelegenheit, mit seinem Onkel Ernst zu sprechen. Er äußerte seine Bedenken, dass er bei seinem jetzigen Job bei der Versicherung ausbrennen könnte und überlegte, einige mögliche Wege zu gehen. Onkel Ernst teilte ihm mit, dass er, obwohl er sich nicht sicher ist, wo er in Zukunft arbeiten will, auf jeden Fall so schnell wie möglich mit dem Unterricht beginnen sollte. Auf den Start zu warten war das Schlimmste, was er tun konnte.

Wortschatz

- Familie und Berufe --- family and professions
- begleiten --- to accompany
- offiziell --- officially
- um ein guter Zeitpunkt zu sein --- to be a good time to
- Mutter --- mother
- Vater --- father
- Brüdern --- brothers
- Zusammenkunft --- gathering
- Onkel --- uncle
- Maschinenbauingenieur --- mechanical engineer
- Maschinen --- machinery, machines
- Dampf- und Gasturbinen --- steam and gas turbines
- elektrische Generatoren --- electrical generators
- äußerst intelligenter --- extremely intelligent
- Cousins --- cousins
- Hintergrund --- background
- Abhängen --- to hang out
- Kindheitserinnerungen --- childhood memories
- wachsen --- to grow
- getrennt --- apart, separated

- älter werden --- to get older
- Kontakt verlieren --- to lose contact
- Führungsposition --- management position
- Einzelhandelsgeschäft --- retail store
- Teilzeit --- part-time
- Friseur --- hairdresser
- Vollzeit --- full-time
- überwältigt --- overwhelmed
- neue Gesichter --- new faces
- Schwägerin --- sister-in-law
- von Anfang an --- from the get-go
- verstehen sich --- to hit it off, to get along well
- eine Beziehung aufzubauen --- to bond with
- Journalistin --- female journalist
- von Beruf --- by profession
- Autorin --- female writer
- Fernsehsendung --- TV show
- produzieren --- to produce
- Medienunternehmen --- media company
- Großmutter --- grandmother
- Tanten --- aunts

- begrüßen --- to greet
- Gelegenheit --- opportunity
- Nichten --- nieces
- Neffen --- nephews
- Kinder --- kids
- Garten --- backyard, garden
- Gruppenfoto --- group photo
- Familienfoto --- family photo
- Fotograf --- photographer
- ausbrennen --- to burn out
- mögliche Wege --- possible paths
- so schnell wie möglich --- as soon as possible

Fragen zum Verständnis

1. Was ist der Beruf des Onkels von Niklas?
   A) Elektroingenieur
   B) Bauingenieurwesen
   C) Chemieingenieur
   D) Maschinenbauingenieur

2. Finn und Michelles Eltern sind Niklas'.....
   A) Großvater und Großmutter.
   B) Mutter und Vater.
   C) Tante und Onkel.
   D) Bruder und Schwester.

3. Niklas' Schwägerin ist mit wem verheiratet?
   A) Seinem Bruder
   B) Seinem Vater
   C) Seinem Cousin
   D) Seinem Chef

4. Wo spielten die Kinder während des Familientreffens?
   A) In der Schule
   B) Im Haus
   C) Im Hinterhof
   D) Im Spielzeugraum

5. Wenn man hochqualifiziert ist, um einen Job zu erledigen, wird man wie genannt?
   A) Amateur
   B) Arbeitskraft
   C) Beruf
   D) Profi

English Translation

Lena happily agreed to accompany Niklas on his visit to his family gathering the following weekend. They were now officially a couple, and it would be a good time to introduce her to his mother, father, and brothers.

Also at the get-together was Niklas's uncle, named Ernst. Ernst was a mechanical engineer, who worked on all kinds of machines, including steam and gas turbines and electric generators. He was an extremely intelligent man, who helped guide Niklas in his younger years.

While chatting with his uncle, he noticed his two cousins Finn and Michelle in the background. The three of them hung out quite frequently as kids and shared a lot of childhood memories. They grew apart as they got older, unfortunately, and lost contact with one another as they entered the workforce. Finn ended up working his way up to a management position at a retail store. And Michelle was a part-time hairdresser but a full-time mom.

Lena was obviously overwhelmed by all the new faces, but she was able to get to know at least one person at the event. This person was Niklas's sister-in-law Nicole. From the very get-go, the two hit it off and established an instant rapport. Lena was a journalist by trade, and Nicole was a writer for a TV show that was produced by the same media company they both worked for. While they had seen each other around the office, they had never met until now.

In the end, there were just too many people for Lena to meet and even for Niklas to catch up with. They briefly said hello to his grandmother and aunts, but they never got the chance to greet his nieces and nephews. All the kids were busy playing together in the backyard.

The family was able to take a group photo, which included Lena, who was invited to join in. Every year, it's Niklas's dad who is given the task to create the best family photo possible. Leaving the task to him makes sense, given that he's a professional photographer.

The sun started going down, and the day was growing late. As everyone was leaving, Niklas had another opportunity to speak with his Uncle Ernst. He voiced his concerns about burning out at his current job at the insurance company and was considering a few possible paths he could take. Uncle Ernst advised him that, even though he's not sure where he wants to work in the future, he should definitely start taking classes as soon as possible. Waiting to start was the worst thing he could possibly do.

KAPITEL 8: AUSBILDUNG

Mit einem Vollzeitjob und einer Freundin war Niklas' Zeitplan ziemlich eng gepackt. Aber um einer besseren Zukunft willen hat er sich für ein Graduiertenprogramm für Wirtschaftswissenschaften an seiner lokalen Universität eingeschrieben. Niklas hatte bereits ein Grundstudium absolviert und mit einem Bachelor-Abschluss in Philosophie abgeschlossen, war aber wie die meisten liberalen Kunstabschlüsse nicht die beste Wahl für die Arbeitssuche und den Berufseinstieg.

Diesmal wäre es anders. Mit viel mehr Erfahrung und Weisheit würde diese Gelegenheit, seine Ausbildung fortzusetzen, nicht vergeudet werden. Ein Graduiertenstudium in Wirtschaftswissenschaften würde eine gewaltige Herausforderung darstellen, aber wenn es ihm gelingt, wären die Chancen groß. Die Kurse, die er an der Volkshochschule absolvierte, wären im Vergleich dazu ein Kinderspiel. Intensive Studien und Ausdauer wären erforderlich.

Die Lehrbücher erwiesen sich oft als viel nützlicher als die Vorträge selbst. Einige der Professoren, mit denen er gesprochen hatte, waren so langatmig, dass es unglaublich schwierig war, den Fokus im Unterricht aufrechtzuerhalten. Er konnte die Hälfte der Zeit damit verbringen, Kapitel aus dem Buch zu lesen und mit der doppelten Information, die er im Hörsaal erhielt, davonkommen. Die Lehrerassistenten waren jedoch sehr hilfreich, da sie komplexe Konzepte mit einer sehr einfachen Sprache erklären konnten.

Um die Informationen wirklich zu festigen, war ernsthafte Arbeit außerhalb des Klassenzimmers erforderlich. Die von den Studenten organisierten Arbeitsgruppen trugen wesentlich dazu bei, dass Niklas die Motivation und den nötigen Antrieb erhielt, um im Kurs gut zu sein. In den Gruppen teilten die Schüler die Notizen, die sie im Unterricht gemacht hatten, und überprüften die Informationen, von denen sie dachten, sie würden in den Prüfungen erscheinen. Sie haben aber nicht die ganze Zeit ernsthaft gelernt, da es mehrere Pausen gab, in denen sie viel plauderten, um Stress und Frustration loszuwerden.

Das Ende des ersten Jahres rückte näher, und die Angst füllte das Klassenzimmer während der letzten Vorträge. Auf dem Test würden nur Essayfragen stehen, und es gäbe keine Mehrfachauswahl. Das Pauken hätte dich bei diesem Test nicht weitergebracht. Man musste die Informationen wirklich kennen, um eine gute Note zu erhalten. Niklas und alle seine Klassenkameraden zahlten kräftige Studiengebühren, aber nicht alle würden den Test bestehen. Es wären diejenigen, die die Vorlesungen besuchten, an den Arbeitsgruppen teilnahmen und ausführlich lasen, die mit guten Noten bestehen werden.

Es war sehr ähnlich wie das Erlernen einer Fremdsprache. Diejenigen, die das Beste tun, sind diejenigen, die in die Fremdsprache eintauchen. Sie lesen so viel wie möglich in der Zielsprache, und wenn sie nicht mehr lesen können, verbringen sie ihre ganze Freizeit damit, der Zielsprache zuzuhören. Das Eintauchen hat Vorrang vor ihren alten Hobbys und Lebensstilen. Auf diese Weise erreichen sie ein hohes Maß an Sprachkompetenz.

Die Frage ist nicht, ob Niklas die Abschlussprüfung bestanden hat oder nicht. Die wahre Frage ist, ob du das tun wirst, was nötig ist, um die Gewandtheit zu erreichen.

Viel Spaß beim Lernen! Und danke fürs Lesen!

Wortschatz

- Ausbildung --- education
- Freundin --- girlfriend
- Graduiertenprogramm --- graduate program
- Wirtschaftswissenschaften --- economics
- Universität --- university
- einschreiben --- to enroll
- Bachelor-Abschluss --- Bachelor's degree
- Grundstudium --- undergraduate studies
- abschließen --- to complete, to graduate
- Philosophie --- philosophy
- liberale Kunstabschlüsse --- liberal arts degrees
- Arbeitssuche --- job hunting
- Berufseinstieg --- starting a career
- Erfahrung --- experience
- Weisheit --- wisdom
- seine Ausbildung fortsetzen --- to further one's education
- gewaltige Herausforderung --- formidable challenge
- eine Herausforderung darstellen --- to be challenging
- Volkshochschule --- community college
- Kinderspiel --- child's play, cakewalk

- intensives Studium --- intensive study
- Ausdauer --- perseverance
- erforderlich sein --- to be required
- Lehrbücher --- textbooks
- Vorträge --- lectures
- Professoren --- professors
- langatmig --- wordy
- Fokus --- focus
- aufrechterhalten --- to maintain
- Kapitel --- chapter
- Hörsaal --- lecture hall
- Lehrerassistenten --- teaching assistants
- komplexe Konzepte --- complex concepts
- einfachen Sprache --- simple language
- Informationen --- information
- festigen --- to consolidate, to strengthen
- ernsthafte Arbeit --- serious work
- Klassenzimmer --- classroom
- Arbeitsgruppen --- working groups
- Motivation und Antrieb --- motivation and drive
- teilen --- to share

- Notizen --- notes
- die Informationen überprüfen --- to review the information
- Prüfungen --- exams
- plaudern --- to chat
- loswerden --- to get rid of
- Frustration --- frustration
- Ende des Jahres --- end of the year
- Essayfragen --- essay questions
- Mehrfachauswahl --- multiple choice
- Pauken --- cramming
- eine gute Note --- a good grade
- Klassenkameraden --- classmates
- zahlen --- to pay
- kräftig --- hefty, strong
- Studiengebühren --- tuition fees
- den Test bestehen --- to pass the test
- Vorlesungen besuchen --- to attend lectures
- teilnehmen --- to participate
- ausführlich lesen --- to read extensively
- Erlernen --- learning
- Fremdsprache --- foreign language

- Freizeit --- free time
- Eintauchen --- immersion
- Vorrang haben --- to take precedence
- Lebensstile --- lifestyles
- erreichen --- to achieve
- hohes Maß --- high level
- Sprachkompetenz --- language skills
- Abschlussprüfung --- final exam
- Gewandtheit --- fluency
- Viel Spaß! --- Have fun!

Fragen zum Verständnis

1. Wo besucht Niklas den Wirtschaftsunterricht?
   A) Durch ein Online-Programm
   B) An einer lokalen Universität
   C) An einem Volkshochschule
   D) Durch einen Tutor

2. Wenn wir sagen, dass eine Herausforderung gewaltig ist, meinen wir, dass sie … ist.
   A) einfach
   B) unmöglich
   C) einschüchternd
   D) möglich

3. Was war das Problem mit den Vorträgen?
   A) Der Unterricht fand spät am Abend statt.
   B) Niklas' Freunde haben während des Unterrichts gesprochen.
   C) Die Erklärungen des Professors waren zu kompliziert.
   D) Der Professor mochte die Studenten nicht.

4. Wer hat die Arbeitsgruppen organisiert?
   A) Die Studenten
   B) Die Lehrerassistenten
   C) Niklas
   D) Der Professor

5. Die Abschlussprüfung war welche Art von Prüfung?
   A) Alle Mehrfachauswahlen
   B) Eine Mischung aus Multiple-Choice- und Aufsatzfragen
   C) Eine Mischung aus Pauken und kräftigen Studiengebühren
   D) Nur Essayfragen

English Translation

With a full-time job and a girlfriend, Niklas's schedule was pretty tightly packed. But for the sake of a better future, he enrolled in a graduate program for economics at his local university. Niklas had already completed an undergraduate program and graduated with a bachelor's degree in philosophy, yet like most liberal arts degrees, it was not the greatest choice for seeking employment and starting a career.

This time would be different. With much more experience and wisdom, this opportunity to further his education would not go wasted. A graduate program in economics was going to be a formidable challenge, but if he succeeded, the rewards would be great. The classes he took at community college would be a cakewalk compared to this. Intense study and perseverance would be required.

The textbooks would often prove to be much more useful than the lectures. Some of the professors he had talked with such long-winded delivery that it was incredibly difficult to maintain focus in class. He could spend half the time reading chapters from the book and come away with double the information he got in the lecture hall. The teacher assistants, however, were most helpful, as they could explain complex concepts using very basic language.

To make the information stick, serious work was needed to be done outside the classroom. Study groups organized by students were instrumental in providing Niklas the motivation and drive required to do well in the course. In the groups, students shared the notes they took in class and reviewed the information they thought would appear on the exams. Not all this time was serious though, as there were multiple breaks where chit-chat was encouraged as a means to vent built-up stress and frustration.

Finals for the first year were approaching, and anxiety filled the classroom during the last few lectures. On the test would be essay questions only; there would be no multiple choice. Cramming wasn't going to get you anywhere on this test. You had to know the information in order to get a good grade. Niklas and all his classmates paid hefty tuition fees, but not all would pass the test. It would be those who attended the lectures, participated in the study groups, and read extensively that would pass with high marks.

It was very much like learning a foreign language. Those who do the best are those who immerse themselves in the foreign language. They read as much as possible in the target language, and when they can no longer read, they spend all their free time listening to the target language. Immersion takes precedence over their old hobbies and lifestyles. That's how they achieve high levels of fluency.

The question is not whether or not Niklas passed the final exam. The true question is whether or not you will do what it takes in order to achieve fluency.

Happy studying! And thank you for reading!

DID YOU ENJOY THE READ?

Thank you so much for taking the time to read our book! We hope you have enjoyed it and learned tons of vocabulary in the process.

If you would like to support our work, please consider writing a customer review on Amazon. It would mean the world to us!

We read each and every single review posted, and we use all the feedback we receive to write even better books.

ANSWER KEY

Chapter 1:
1) C
2) D
3) B
4) C
5) C

Chapter 2:
1) B
2) C
3) A
4) D
5) B

Chapter 3:
1) D
2) B
3) A
4) C
5) C

Chapter 4:
1) D
2) C
3) A
4) D
5) B

Chapter 5:

1) D
2) C
3) A
4) C
5) B

Chapter 6:

1) B
2) A
3) C
4) B
5) A

Chapter 7:

1) D
2) C
3) A
4) C
5) D

Chapter 8:

1) B
2) C
3) C
4) A
5) D

Made in the USA
Las Vegas, NV
09 December 2021